中国婚姻制度小史

吕思勉／著

知识产权出版社
全国百佳图书出版单位

图书在版编目（CIP）数据

中国婚姻制度小史/吕思勉著. —北京：知识产权出版社，2018. 1
ISBN 978-7-5130-5231-3

Ⅰ. ①中… Ⅱ. ①吕… Ⅲ. ①婚姻制度—历史—研究—中国 Ⅳ. ①K892. 22

中国版本图书馆 CIP 数据核字（2017）第 260686 号

责任编辑： 徐 浩　　**责任校对：** 潘凤越
封面设计： 张 冀　　**责任出版：** 刘译文

中国婚姻制度小史
吕思勉 著

出版发行： 知识产权出版社有限责任公司	**网　　址：** http：//www. ipph. cn
社　　址： 北京市海淀区气象路 50 号院	**邮　　编：** 100081
责编电话： 010-82000860 转 8343	**责编邮箱：** xuhao@ cnipr. com
发行电话： 010-82000860 转 8101/8102	**发行传真：** 010-82000893/82005070/82000270
印　　刷： 三河市国英印务有限公司	**经　　销：** 各大网上书店、新华书店及相关专业书店
开　　本： 880mm × 1230mm　1/32	**印　　张：** 3.375
版　　次： 2018 年 1 月第 1 版	**印　　次：** 2018 年 1 月第 1 次印刷
字　　数： 35 千字	**定　　价：** 20. 00 元

ISBN 978-7-5130-5231-3

再版前言

民国时期是我国近现代历史上非常独特的一段历史时期，这段时期的一个重要特点是：一方面，旧的各种事物在逐渐崩塌，而新的各种事物正在悄然生长；另一方面，旧的各种事物还有其顽固的生命力，而新的各种事物在不断适应中国的土壤中艰难生长。简单地说，新旧杂陈，中西冲撞，名家云集，新秀辈出，这是当时的中国社会在思想、文化和学术等各方面的一个最为显著的特点。为了向今天的人们展示一个更为真实的民国，为了将民国文化的精髓更全面地保存下来，本社此次选择了一些民国时期曾经出版过的、书名中均有“小史”字样的图书，整理成为一套《民国小史丛书》出版，以飨读者。

这套《民国小史丛书》涉及文学、艺术、历史、哲学、政治、经济等诸方面，每种图书均用短小精悍的篇幅，以深入浅出的语言，向当时中国的普通民众介绍和宣传社会思想各个领域的专门知识。这套丛书通俗易懂，可读性强，在专业知识和理论的介绍上丝毫不逊于大部头的著作，既可供大众读者消闲阅读，也可供有专门兴趣的读者拓展阅读。这套丛书不仅对民国时期的普通读者具有积极的启蒙意义，其中的许多知识性内容和基本观点，即使现在也没有过时，仍具有重要的参考价值，因此也非常适合今天的大众读者阅读和参考。

本社此次对这套丛书的整理再版，基本保持了原书的民国风貌，只是将原来繁体竖排转化为简体横排的形式，对原书中存在的语言文字或知识性错误，以“编者注”的形式加以校订，以便于今天的读者阅读。希望各位读者在阅读本丛书之后，一方面能够对民国时期的思想文化有一个更加深刻的了解，另一方面也能够为自己的书橱增添一种用于了解各个学科知识的不可或缺的日常读物。

提要

此篇上自经子，中至史集，下逮现行法律判例，一一搜辑研究；从最古杂婚时代，以及现在之男女关系，论列变迁，了如指掌。其中如邃古女权之遗迹、同族不婚之起源、婚年迟早之变迁、蓄妾之原、嫡庶之别、“夫妇”二字之初诂，无一不精确奇创。社会学家无此专精，考证之家惭其淹贯。

《易》曰："有天地，然后有万物。有万物，然后有男女。有男女，然后有夫妇。有夫妇，然后有父子。有父子，然后有君臣。"若是乎，人类社会之形形色色，千变万化，无一不自男女之媾合来也。故言社会组织者，必始男女。

男女之关系为夫妇，其谁不知之？虽然，非其朔也。《白虎通》曰："古之时，未有三纲六纪。人民但知其母，不知其父。"夫但知其母，不知其父，即莫知谁妻、莫知谁夫之谓也。后人推测社会之始，多谓由于一夫一妇之牌[1]合，如《创世记》亚当、

[1] "牌"，当为"牉"。——编者注

夏娃之说是也。其实人类之初，究系何种情形，实属无从想象。所能勉强想象者，则榛榛狉狉，群居袭处；既无一切名目，亦无何等组织，一浑然之群而已。

迨其稍进，而婚姻乃论行辈，予昔撰经义，于此颇有发挥。今录其说如下。原文曰：“社会学家言浅演之世，无所谓夫妇。男女妃耦，惟论行辈。同辈之男，皆其女之夫；同辈之女，皆其男之妻。”我国古代，似亦如此。《大传》：“同姓从宗合族属，异姓主名治际会。名著而男女有别。其夫属乎父道者，妻皆母道也。其夫属乎子道者，妻皆妇道也。谓弟之妻为妇者，是嫂亦可谓之母乎？名者，人治之大者也。可无慎乎?”曰“男女有别”、曰“人治之大”,而所致谨者不过辈行,❶ 可见古者无后世所谓夫妇矣。盖一夫一妻,恒久不变,起于人类妒忌专有之私。人之性,固有爱一人而终身不变者,亦有不必然者。故以一男而拘多女,以一女而畜众男,已不能答,而又禁其更求匹耦,则害于义。若其随遇而合,不专于一,于甲固爱矣,于乙亦无恶,则亦犹友朋之好,并时可有多人耳,未必为恶德也。职是故,古人于男女配合,最致谨于其年。《礼运》曰:“合男女,颁爵位,必当年德。”《荀子》曰:“妇人莫不愿得以为夫,处女莫不愿得以为士。”❷ “老妇士夫”“老

❶ 注:“异姓,谓来嫁者也。主于母与妇之各耳。”
❷ 《非相》。

夫女妻”，则《易》譬诸“枯杨生华”“枯杨生稊”，言其鲜也。夫合男女而惟致谨于其年，而不必严一夫一妻妃合之制，则同辈皆可为婚矣。《释亲》：“长妇谓稚妇为娣妇，娣妇谓长妇为姒妇。”此兄弟之妻相谓之辞也。又云：“女子同出，谓先生为姒，后生为娣。”孙炎云：“同出，谓俱嫁事一夫者也。同适一夫之妇，其相谓，乃与昆弟之妻之相谓同。”可见古者无后世所谓夫妇矣。[1] 古之淫于亲属者，曰烝，曰报，[2] 皆辈行不合之称。其辈行相合者，则无专名，曰淫、曰通而已。淫者，放滥之词。

[1] 娣姒之称，或谓据夫年长幼，或谓据身年长幼，迄无定论。实缘两义各有所主。据夫年长幼者，昆弟之妻相谓之辞也。据身年长幼者，同出者。相谓之辞也，古无后世谓夫妇，则亦无昆弟之妻相谓之辞矣。

[2] 汉律：淫季父之妻曰报。见《诗·雄雉》序疏。

好色而过其节，虽于妻妾亦曰淫，不必他人之妻妾也。通者，《曲礼》曰："嫂叔不通问。"又曰："内言不出于梱，外言不入于梱。"内言而出焉，外言而入焉，则所谓通也。《内则》曰："礼始于谨夫妇。为宫室，辨内外，深宫固门，阍寺守之。男不入，女不出。"自为宫室辨内外以来，乃有所谓通，前此无有也。《匈奴列传》曰："父死，妻其后母；兄弟死，皆取其妻妻之。"父死妻其后母，不知中国古俗亦然以否。[1]兄弟死，皆取其妻妻之，则亦必如是矣。象以舜为已死，而曰"二嫂使治朕栖"是也。父子聚尘，《礼记》所戒。新台有泚，诗人刺焉。至卫君之弟，欲与宣夫人

---

[1] 妾皆幼小，见后，则父之妾，或与子之行辈相当也。

同庖，则齐兄弟皆欲与之，《柏舟》之诗是也。然则上淫下淫，古人所深疾；旁淫则不如是之甚。所以者何？一当其年，一不当其年也。夫妇之制既立矣，而其刺旁淫，犹不如上下淫之甚，则古无后世所谓夫妇，男女耦合，但论行辈之征也。今贵州狆家苗，女有淫者，父母伯叔皆不问；惟昆弟见之，非欧[1]则杀；故狆家女最畏其昆弟云。亦婚姻但论行辈之遗俗也。

合男女贵当其年乎？不贵当其年乎？则必曰贵当其年矣。自夫妇之制立，而后男女妃合，有不当其年者，

[1] “欧”，今作“殴”。——编者注

此则后人之罪也。俞理初有《释小篇》，论妾之名义，皆取于幼小。其说甚博。犹有未备者。《易·说卦》：“兑为少女，为妾。”《内则》：“妾将御者，斋漱浣，慎衣服。栉縰，笄总，拂髦。”髦者，事父母之饰，惟小时有之，亦妾年小之征。《曲礼》：“诸侯之妻曰夫人，大夫曰孺人。”郑注：“孺，属也。”《书·梓材》：“至于属妇。”伪孔训为妾妇，盖本下妻之称。故韩非以贵夫人与爱孺子对举也。[1] 古者诸侯娶，二国往媵，皆有侄娣。侄者何？兄之子也。娣者何？弟也。待年父母国，不与嫡俱行，明其年小于嫡。诸侯正妻之外，又有孺子。大夫则无有，故径号其妻曰孺

[1] 《八奸》。

人。诸侯妻之外又有妾，而大夫亦得以孺人为妻，皆由其据高位，故得恣意渔少艾也。诗曰：“婉兮娈兮，季女斯饥”。言李不言孟；妙之本字为眇，由眇小引申为美妙；皆古人好少女之证。男子之性，盖无不好少女者。率其意面莫之制，而世之以老夫拘女妻者多矣。[1]

由此更进一步，则有今所谓夫妇者。今所谓夫妇，盖起于掠夺，后乃变为卖买。行辈为昏[2]，盖行诸同族；

---

[1] 以上录旧作《合男女颂爵位必当年德义》。《祭统》曰：“祭有昭穆。”“凡赐爵，昭为一，穆为一。昭与昭齿，穆与穆齿。”此亦古人重行辈之征。《公羊·僖二十五年》解诂曰：“齐鲁之间，名结昏姻为兄弟。”《曾子》问壻之伯父致命女氏曰“某之子有父母之丧，不得嗣为兄弟”是也。结昏姻称兄弟，亦其行辈相当之征。

[2] “昏”，今作“婚”。后同。——编者注

掠夺，卖买，则行诸异族者也。同族婚姻，所以变为异族者，盖恐同族以争色致斗乱；亦由世运日进，各部落之交接日多，故获取妻于外也。昔撰《经说》，亦曾详斯义。今更录其说如下。原文曰："《郊特牲》曰'娶于异牲，所以附远厚别也'，此古同姓之所以不昏也。"《左氏》载郑叔詹之言曰："男女同姓，其生不蕃。"[1] 子产之言曰："内官不及同姓。美先尽矣，则相生疾。"后人恒以是为同姓不昏之由。然据今之治遗传学者言，则谓近亲昏姻，初不能致子孙于不肖。所虑者，男女体质相类，苟有不善之质，亦必彼此相同，子姓兼受父母之性，其不善之质，益易显耳。若

---

[1] 僖二十三年。

其男女二者，本无不善之质，则亦初无可虑。其同有善质者，子姓之善性，亦将因之而益显也。至于致疾之说，则尤无据矣，医学家未有言之者也。然则古人之言，何自来邪？其出于迷信邪？抑亦有事实为据邪？谓其出于迷信，其言固以子姓蕃殖与否及疾病为据，似有事实可征也。谓有事实为征，则“晋公子，姬出也，而至于今”一语，已[1]足破叔詹之说矣。然则古人之言，果何自来邪？同姓为昏之禁，何由持之甚严邪？予谓古者同姓不昏，实如《郊特牲》所言，以附远厚别为义；而其生不蕃，则相生疾诸说，则后来所坿益[2]也。何则？群之患莫大乎争，争则乱。妃色，人

[1] “已”，当为“已”。——编者注
[2] “坿益”，今作“附益”。后同。——编者注

之所欲也。争色，致乱之由也。同姓为昏则必争，争则戈矛起于骨肉之间矣。《晋语》：同姓则同德，同德则同心，同心则同志；同志虽远，男女不相及，畏黩故也。黩则生怨，怨乱毓灾，灾毓灭姓。是故娶妻避同姓，畏乱灾也。此为同姓不昏最重之义。古人所以谨男女之别于家庭之中者，以此。《坊记》："孔子曰：男女授受不亲。御妇人则进左手。姑姊妹，女子子，已嫁而反，男子不与同席而坐。寡妇不夜哭。妇人疾，问之，不问其疾。以此坊民，民犹淫佚而乱于族。"乱于族，则《晋语》所谓黩也。[1] 又曰："礼，非祭男女不交爵。以此坊

---

[1] 古者防闲甚严，淫于他族本不易。有之，虽国君往往见杀。如陈佗、齐庄是也。邓扈乐淫于鲁宫中，则以其为力人也。

民，阳侯犹杀缪侯而窃其夫人。”阳侯、穆侯，固同姓也，此乱于族之祸也。盖同姓之争色致乱如此。大为之坊犹然，而况于黩乎？此古人所以严同姓为昏之禁也。同姓不昏，则必昏于异姓。昏于异姓，既可坊同姓之黩，又可收亲附异姓之功，此则一举而两得矣。此附远厚别，所以为同姓不昏之真实义也。然则其生不蕃，则相生疾之说，果何自来哉？曰：子孙之盛昌，人之所欲也。凋落，人之所恶也。身，人之所爱也。疾，人之所惧也。以其所甚恶、甚惧，夺其所甚欲，此主同姓不昏之说者之苦心。抑同姓为昏之禁，传之既久，求其说而不得，乃附会之于此，亦未可知也。《月令》：仲春之月，“先雷三日，奋木铎以令兆民，曰：雷将发声，有不戒其容止者，生子不备，必有凶灾”。生子不备，犹云其生不蕃；必有凶灾，犹云则相生疾。皆以是恐其民也。楚子反欲取夏姬。巫臣曰：“是不祥人也。是夭子蛮，杀御叔，弑灵侯，戮夏南，出孔仪，丧陈国，何不祥如是？人生实难，其有不获死乎？”一子反乃止。❶ 盖爱身之情，足以夺其好色之心如此。叔向之母妒，叔虎之母美而不使。其子皆谏其母。其母曰：“深山大泽，实生龙蛇。彼美，余惧其生龙蛇以祸汝。汝敝族也，国多大宠，不仁人闲之，不亦难乎？余何爱焉？”❷ 盖古人惧遗传之不善，足以为祸又如此。此其生不蕃，则相生疾诸说，所以能夺人好色之心，而禁

❶ 《左》成二年。
❷ 《左》襄二十二年。

其乱于族也邪？抑子孙之蕃衍，恃乎宗族之盛昌。宗族之盛昌，恃乎族人之辑睦。因争致乱，夫固足以召亡。又娶于异姓，则一人不能致多女。古惟诸侯娶一国，二国往媵。纳女于天子，乃曰备百姓。管氏有三归，则孔子讥其不俭矣。淫于同族，则可致多女。致多女，固可以致疾，晋平公其一也。其致疾之由在淫，不在所淫者之为同姓也。然两事既相附，因误以由于此者为由于彼，亦事所恒有也。[1]

掠女为昏，野蛮人盖习为常事。会战而俘多女，乘隙以篡一人，皆是也。昏礼必行之昏时者？郑《目录》

[1] 以上录旧作《娶于异姓所以附远厚别义》。

云："取阳往阴来之义。"[1] 此后来之曲说，其初盖以便劫掠也。掠夺之初，诚为谅夺，然及其后，往往徒存其貌，而意则全非。《易》屡言"匪寇昏媾"，盖寇与昏媾，形同而实异也。至此，则渐进于卖买之昏矣。卖买昏之所由起，盖因战争非恒事；掠夺不能行之亲和之部落，且惧婴祸愚，见报复，则娶其人而给以价焉。初盖无所谓妻妾。及其后，则渐分聘者为妻，奔者为妾。说者曰："聘者价贵，奔者礼不备，则价贱，此妻妾之所由分也。"予谓不仅此。聘之原，固出于卖买。然后则浸失卖买之意。《曲礼》曰："买妾不知其姓则卜之。"种弓[2]曰："子柳之母死，子硕

❶《昏义疏》。
❷"种弓"，疑为"仲弓"。——编者注

请具。子柳曰：‘何以哉?’子硕曰：‘请粥庶弟之母’。”曰买，曰粥，视妾与物无异，而未有施之于妻者。则买之与聘，源同流异。盖古有阶级之分，聘行之于贵家，买施之于贱族也。卖买之礼意渐变，则成古所谓昏礼。昏礼有六：曰纳采，亦曰下达，男氏求婚之使也。曰问名，问名者，女氏既许昏，乃曰：“敢请女为谁氏?”谦，不必其为主人之女也。纳采、问名共一使。曰纳吉，纳吉者，既问名，归卜之于庙也；得吉，乃使往告女氏，时曰纳征。纳征即纳币也。[1] 纳征之后，壻[2]或女死，相为服丧，既葬而除之。故夫妇之关系，实

[1] 《仪礼》作纳征，《春秋》作纳币。《春秋》变周之文，从殷之质也。所纳者为玄纁束帛俪反(皮)。

[2] “壻”，今作“婿”。后同。——编者注

自纳征始。曰请期，定吉日也。吉日男氏定之，然必三请于女氏；女氏三辞，而后告之，示不敢专也。曰亲迎，壻父醮子而命之迎。女父筵几于庙，而拜迎于门外。壻执雁入，揖让升堂，再拜奠雁，降出，妇从。御妇车，而壻授绥。御轮三周，御者代壻乘其车。壻先俟于门外。妇至，壻揖妇以入。[1] 共牢而食，合卺而酳，所以合体，同尊卑，以亲之也。质明，赞妇见于舅姑。厥明，舅姑共飨妇。以一献之礼，奠酬。舅姑先降自西阶，妇降自阼阶，以著代也。妇入三月而祭行。舅姑不在，则三月而庙见。未庙见而死，归葬于女氏之党，示未成妇也。六礼为为妻之征。故六

---

[1] 此与适子之冠礼同，亦谓之授室。

礼不备，贞女守义不往，以嫌于为妾也。六礼之中，亲迎最重。《五经异义》：“《公羊》说：自天子至庶人皆亲迎。《左氏》说：天子至尊，无亲迎之礼；诸侯有故，使上卿逆，上公临之。”《哀公问》：“冕而亲迎，不已重乎？孔子愀然作色而对曰：合二姓之好，以继先圣之后，以为天地宗庙社稷之主，君何谓已重乎？”儒家之主亲迎，颇得男女平等之义。墨家讥其尊妻侔于父兄；崇家督之权，而轻妃耦之本，义不如儒家也。许慎案：“高祖时，叔孙通制礼，以为天子无亲迎，从《左氏》。”叔孙鄙儒，媚世谐俗，许君从之，非也。

娶妻之礼如此。若言离婚，则妇

人有七弃，五不娶，三不去，说见《公羊解诂》。[1] 其说曰："尝更三年丧不去，不忘恩也。贱取贵不去，不背德也。有所受无所归不去，不穷穷也。"丧妇长女不取，无教戒也。世有恶疾不取，弃于天也。世有刑人不取，弃于人也。乱家女不取，类不正也。逆家女不取，废人伦也。无子弃，绝世也。淫佚弃，乱类也。不事舅姑弃，悖德也。口舌弃，离亲也。盗窃弃，反义也。嫉妒弃，乱家也。恶疾弃，不可奉宗庙也。"《大戴礼记·本命篇》略同。古人重家族、昏姻之意，为治家传统计者多，为夫妇二人计者少；[2] 其离昏亦然。然古人之离昏却较后人为易。《曾子问》："昏

❶ 庄二十七年。
❷ 见后。

礼，既纳币，有吉日，女之父母死，则如之何？孔子曰：壻使人吊。如壻之父母死，则女之家亦使人吊。壻已葬，壻之伯父，致命女氏，曰：某之子有父母之丧，不得嗣为兄弟，使某致命。女氏许诺，而弗敢嫁。礼也。壻免丧，女之父母使人请。壻弗取，而后嫁之，礼也。女之父母死，壻亦如之。”则吉日已定，有大故者，其昏约仍可作废。又女未庙见而死，不迁于祖，不祔于皇姑；壻不杖，不菲，不次；归葬于女氏之党，示未成妇也。何君《解诂》曰：“诸侯既取三月，然后夫人见宗庙。见宗庙，然后成妇礼。”❶ 成九年，季孙行父如宋致女。《解诂》曰：“古者妇人三月而

❶ 庄二十四年。

后庙见称妇，择日而祭于祢，成妇之义也。父母使大夫操礼而致之，必三月者，取一时，足以别贞信。贞信著，然后成妇礼。”《士昏礼》：“若不亲迎，则妇入三月，然后壻见。”然则三月成妃耦，无贵贱，男女一也。古人之结昏，重慎既非后世比，而又试之以一时，而其离昏，又较后世为易。此其夫妇之祸，所以视后世为少与？

男子可以出妻，而女子不闻出夫，此由财产为男子所有。若财产为女子所有，自亦可以出夫。《秦策》谓“太公望齐之逐夫”，《说苑》谓“太公望故老妇之出夫”[1] 是也。但其

---

[1] 《尊贤》。

事绝少耳。

夫妇之制，究始于何时邪？《昏义疏》谓始于燧人时，其说附会不足据。[1] 案伏羲制以俪皮为嫁娶之礼，见《世本·作篇》。谯周亦云。[2]《郊特牲》曰："器用陶匏，尚礼然也。三王作牢，用陶匏。"注云："大古无共牢之礼，三王之世，作之而用太古之器。"[3] 则《士昏礼》所著，起于伏羲之世，定于三王之时矣。婚制演进之时代，于此可以征窥。

---

❶ 疏云："遂皇之时，则有夫妇。《通卦验》云：遂皇始出握机矩，是法北斗七星而立七政。《礼纬·斗威仪》：七政，则君臣、父子、夫妇等也。"

❷ 《昏义疏》。

❸ 注："谓大古之礼器也。"

嫁娶之年，亦礼家所聚讼。予昔撰《昏年考》，尝折衷之。今亦录如下。《昏年考》曰：古书言昏年者，《书传》《礼记》《公羊》《穀梁》《周官》，皆以男三十而娶，女二十而嫁。《墨子》❶《韩非》❷则谓丈夫二十，妇人十五。《大戴》又谓大古五十而室，三十而嫁。中古三十而娶，二十而嫁。❸《异义》：《大戴礼》说，三十而室，二十而嫁，天子庶人同礼。《左氏》说，天子十五而生子；三十而娶，庶人礼也。❹诸说纷纷者何？曰：女子十四五可嫁，男子十五六可娶，生理然也。果何时娶，何时嫁，则随时代而不同。大率古人晚，

❶《节用》。

❷《外储说·右下》。

❸《本命》。

❹ 案国君十五而生子，见《左》襄九年。

后世较蚤，则生计之舒蹙为之也。《家语》：“哀公曰：男子十六精通，女子十四而化，则可以生民矣。而礼男必三十而有室，女必二十而有夫也，岂不晚哉？孔子曰：夫礼言其极，不是过也。男子二十而冠，有为人父之端；女子十五许嫁，有适人之道。于此而往，则自昏矣。”[1] 男子十六精通，女子十四而化，说与《素问》合。[2] 何君《公羊解诂》曰：“妇人八岁备数，十五从谪，二十承事君子。”[3] 八岁者，龀之翌年。十五者，化之明岁。准是以言，则二十当云二十二。而云二十者，举成数也。许慎曰：“侄娣年十五以上，能共事

---

❶《本命解》。
❷《上古天真论》。
❸ 隐七。

君子，可以往。二十而御。”❶ 说亦与何君同。肃述毛，谓男自二十以及三十，女自十五以至二十，皆得嫁娶，❷ 其说是也。❸ 肃又引礼子不殇父，而男子长殇，止于十九，女子十五许嫁不为殇，证亦极确。毛谓“三十之男，二十之女，礼未备则不待礼，会而行之，所以蕃育人民也”，亦以三十、二十为极。肃述毛，得毛意也。然则古者以蕃育人民为急。越王句践，栖于会稽，而谋生聚，至令男二十不娶，女十七不嫁，罪其父母。而其著为礼，不以精通能化之年，顾曰二十、三十，大古且至三十、五十者，何也？曰：蕃民，古人之所愿

❶ 《穀梁》隐七年注。
❷ 《摽有梅》疏。
❸ 《贵德》。

也。然精通而取，始化而嫁，为古人财力所不逮，是以民闻恒缓其年。此为法令所无如何。然曰二十、三十，曰三十、五十，则固已为之极矣。为之极，则不可过，犹蕃民之意也。何以知其然也？《说苑》曰："桓公之平陵，见年老而自养者，问其故。对曰：吾有子九人，家贫，无以妻之，吾使佣而未返也。桓公取外御者五人妻之。管仲入见，曰：公之施惠，不亦小矣？公曰：何也？对曰：公待所见而施惠焉，则齐国之有妻者少矣。公曰：若何？管仲曰：令国丈夫三十而室，女子十五而嫁。"[1] 盖古者嫁取

---

[1] 肃又谓："男年二十以后，女年十五以后，随任所当，嘉好则成。不必以十五六女，妃二十一二男。虽二十女配二十男，三十男妃十五女，亦可。"亦通论也。

以俪皮为礼。俪皮者，两麋鹿皮也。[1]汉武帝时，尝以白鹿皮为币，直四十万。白鹿皮固非凡鹿皮比；古时鹿皮，亦不必如汉代之贵。又汉武之为皮币，使王侯宗室，朝觐聘享，必以荐璧乃得行，则亦强名其直，犹今纸币之署若干万耳；尤非民闻用之比。又用俪皮为士礼，未知庶人以下亦然否？然古皮币亦诸侯聘享所用，价不能甚贱。假不用之者，《曲礼》言取妻者“为酒食以召乡党僚友”，亦民间所不可少矣。“古者庶人粝食藜藿，非乡饮酒膢腊祭祀无酒肉。宾婚相召，则豆羹白饭，綦脍熟肉”，[2]已不易办矣。管仲非桓公以御女赐平陵之民，而谓施惠当限嫁取之年，岂有是

---

[1] 《聘礼》注。

[2] 《盐铁论·散不足篇》。

一令，民间即饶于财哉？有是令，则不可过；不可过，则虽杀礼而莫之非也。《周官》：媒氏“仲春之月，令会男女。于是时也，奔者不禁。若无故而不用令者罪之”。仲春则奔者不禁者？古以九月至正月为婚期；仲春而犹不克昏，则其乏于财可知；乏于财，故许其杀礼。奔者，对聘而言。不聘即许其杀礼，非谓淫奔也。无故而不用令者，谓非无财，亦奔而不聘也。所谓聘者，则下文云“入币纯帛无过五两”是也。“大司徒荒政十有二，十曰多昏”，[1] 亦此意也。贾生曰：“秦人家贫子壮则出赘。”诸书或言贫不能嫁，皆嫁娶不易之征。大古男三十而娶，女二十而嫁。中古则三

[1] 注：“不备礼”。

十、二十。《论衡》曰：“男三十而娶，女二十而嫁，法制虽设，未必奉行。何以效之？以今不奉行也。”❶曹大家十四而适人，则汉世嫁取❷，早于古人矣。故惠帝令女子十五不嫁五算也。然则世愈降，则昏年愈早。盖民生降而益舒，故礼易行也。然墨子谓圣王之法，丈夫年二十毋敢不处家，女子年十五，毋敢不事人。圣王既殁，民欲蚤处家者，有所二十处家；其欲晚处家者，有所四十处家。以其早与晚相践，后圣王之法十年。❸则后世嫁娶，反视古人为晚。岂古者质朴，礼简，嫁取易；后世迎妇送女

❶ 《齐世》。

❷ “嫁取”，之“取”，今作“娶”。后同。——编者注

❸ 此为三十有室，二十而嫁，知古人制礼，必因习俗，非苟为也。

愈侈，故难办邪？非也。墨子背周道，用夏政；其所述者，盖亦蕃育人民之法。禹遭洪水行之，犹句践栖于会稽，而谋生聚耳，非经制也。若其述当时之俗，民之蚤晚处家者，有二十年之差。民之贫富固不齐，就其晚者，固犹视三十有室之年为迟矣。国君十五而生子，亦以饶于财，得蚤娶也。故曰：婚年之蚤晚，以民之财力而异也。[1]

蚤昏善邪？晚昏善邪？《尚书大传》谓：“男三十而取，女二十而嫁，通于织纴纺绩之事，黼黻文章之美。

---

[1] 《汉书·王吉传》：“以为世俗聘妻送女无节，则贫人不及，故不举子”，则后世昏年之早，亦竭蹶赴之，不必其财力果视古代为饶也。但以大体言之，则后人生计程度，总视古人为高耳。

不若是，则上无以孝于舅姑，而下无以事夫养子。”王吉亦谓：“世俗嫁取大早，未知为人父母之道而有子，是以教化不明，而民多夭。”今学术日进，人之毕业大学者，非二十四五不可；教子养子之道，亦愈难明；则是嫁取愈当晚也。然人之知妃色，亦在二七、二八之年。强之晚昏，或至伤身而败行。若谓不知为父母之道，则将来儿童，必归公育。今人一闻儿童公育之论，无不色然骇者，以为：“爱他人之子，必不如其爱已之子。而父母爱子之心，出于自然，母尤甚。强使不得养其子，是使为父母者无所用其爱也。”是亦不然。今者教育之责，父母多不自尸而委诸师，岂师之爱其弟子，逾于父母之爱其子？而为父母者，欲其子之善，不若欲其子之壮佼之切乎？教育亦专门之学，非尽人所能通。又繁琐之事，非尽人所克任故也。然则育子亦专门之业，亦繁琐之事，其非尽人所能通，所克任，而当委诸专司其事之人，将毋同？父母之爱其子，与凡仁爱之心，非有异也，视所直而异其施耳。今之世，委赤子于途，则莫或字之，或且戕贼之，父母之卵翼之，宜也。世界大同，人人不独子其子。今日为父母之爱，安知不可移诸他途？岂虑其无所用而戕其身邪？

嫁娶之时，《繁露》云：“霜降逆女，冰泮杀内。”[1]《荀子》同。[2]王

---

❶《循天之道篇》。

❷《大略篇》。

肃谓自九月至正月，引绸缪三星之象为证，[1] 其说是也。所以然者，“霜降而妇功成，冰泮而农业起”。[2] 古人冬则居邑，春即居野，秋冬嫁取，于事最便，所谓循天之道也。《周官》仲春，奔者不禁，乃贫不能具礼者，许其杀礼。王肃以为蕃育法，亦是也。《毛传》于《东门之杨》，言“男女失时，不逮秋冬”，则其意亦同董、荀。肃述毛，得毛意也。郑玄好主《周官》而不谛，误其失时杀礼之法为正法，并《邶诗》“士如归妻，迨冰未泮”，语意明白者，而亦曲释之，非也。

---

[1] 见疏。

[2] 亦肃说。

以上为《昏年考》原文。读此文，可知嫁取之不易，不独今世为然矣。抑犹不止此。畜[1]妾之习，亦起于人类权力之不平等，财力之不平等也。今更录旧作《原妾》一篇如下。

《原妾》曰：妾之制何自起乎？曰：起于人类之逸则思淫，古无有也。生物学家言：家禽一雄而众雌，若鸡是已。野禽一雄而一雌，若雁是已。一饶于食，一不足于食也。《盐铁论·散不足篇》曰："古者夫妇之好，一男一女，而成家室之道。及后世，士一妾，大夫二，诸侯有侄娣，九女而已。"然则诸侯、大夫、士之有妾，亦后世之事。并耕而食，饔飧而治之世，君与民固不相远也。妾非邃古所

---

[1] "畜（妾）"，今作"蓄（妾）"。后同。——编者注

有，见于书传者，惟此而已。后世则不然。《曲礼》曰："天子有后，有夫人，有世妇，有嫔，有妻，有妾。公侯有夫人，有世妇，有妻，有妾。"《昏义》曰："古者天子后立六宫。三夫人，九嫔，二十七世妇，八十一御妻。"周官无三夫人，有世妇女御而不言其数。然内司服有女御二人。注曰："有女御者，以衣服进，或当于王，广其礼，使无色过。"[1] 则凡当于王者，皆可从而广其礼，而妾媵之数，斯无极矣。《孟子》谓当时大人，侍妾数百；[2]《管子》谓齐襄公陈妾数千；[3]《墨子》谓，当今之世，大国拘女累千，小国累百，[4] 由此也。然考

---

❶ 缝人有女御四人，疏云："义同于上。"
❷ 《尽心》。
❸ 《小匡》。
❹ 《辞过》。

之书传，犹有可见其为后起者。《礼记》冠、昏、乡、射、燕、聘诸义，皆《仪礼》之传也。传之文皆以释经。惟昏义末节，与经不涉，文亦不类。而姬妾之数，百二十人，适与王莽之制相合；[1] 其为古文家窜入无疑。如今文家言，则天子取十二女，[2] 诸侯取九女耳。[3]《丧服》大夫有贵妾，恐是周制，殷则无之。何者？《冠义》

---

❶《汉书·王莽传》：莽进史氏女为皇后，备和、嫔、美、御。和，人三，位视公。嫔，人九，视卿。美，人二十七，视大夫。御，人八十一，视元士。凡百二十人。即《昏义》末节之说。《繁露·爵国篇》亦有三公、九卿、二十七大夫、八十一元士。然云：王后置一太傅、太母、三伯、三丞。二十夫人、四姬、三良人，各有师傅。不云三夫人、九嫔、二十七世妇、八十一御妻也。二十夫人之二十，凌氏云：当作世。

❷《公羊》成十年解诂。疏谓出《保乾图》。又云："孔子为后王，非古礼也。"其说当有所本。益见贵者畜妾，亦后世事也。《繁露·爵国篇》："天子立一后、一世夫人、中左右夫人、四姬、三良人"，亦十二女。

❸《公羊》庄十八年。

曰："无大夫冠礼而有其昏礼。古者五十而后爵，何大夫冠礼之有?"五十而犹取，其必为继取无疑矣。[1]诸侯壹聘九女，诸侯不再取，[2]所以节人情，开媵路也。[3]诸侯有媵，犹不得再取，况大夫乎?[4]故知《丧服传》所言为周制也。今文家多传口说，古文家则以古书为据。变周之文，从殷之质，大义通贯六经，不独《春秋》然也。故今文家言，多存殷制。古书

---

❶《家语·本命》有大古五十而室之说，然非为大夫言，见予所撰《昏年考》。

❷《公羊》庄十八年。

❸ 解诂。

❹《易·同人·六二》郑注：谓天子，诸侯后，夫人无子不出。《鼎·初六》注：谓失礼无出道，废远而已。以其有妾媵，不待再取也。然则凡出妻者，皆本无妾媵可知。郑说见《诗·河广》《士昏礼》《内则》疏。《左》隐元年，"惠公元妃孟子。孟子卒，继室以声子"。"文十二年，杞桓公来朝，请绝叔姬而无绝昏。公许之。"注："立其娣为夫人。"皆诸侯不再取之证。

存者不多，有之率出周代，故古文家言，多周制也。殷制妾少，周制妾多，则畜妾之制，后世益汰之征也。《曲礼》曰：“国君不名卿老世妇，大夫不名世臣侄娣，士不名家相长妾。”《内则》曰：“国君世子生，卜士之妻，大夫之妾，使食子。”又云：“大夫之子有食母。士之妻自养世子。”《丧服小记》曰：“士妾有子而为之总，无子则已。”《管子·大匡》：“诸侯毋专立妾以为妻，士庶人毋专弃妻。”或言士有妾，或云无之。《白虎通义》曰：“庶人称匹夫者，匹，偶也。与其妻偶，阴阳相戒之义也。”《板》笺疏曰：“庶人无妾媵，唯夫妇相匹，故称匹也。”然则匹夫匹妇，即一夫一妇之称。而《礼器》：“君子大牢而祭谓之礼，匹士大牢而祭谓之攘”，士亦言匹，则其无妾可知。《毛传》云：“大夫一妻二妾。”[1] 熊氏云：“士有一妻二妾。”[2] 得毋后世逾侈，以古大夫之礼行之士邪。此亦后世畜妾愈盛之征也。郑玄《檀弓》注云：“帝喾而立四妃矣，象后妃四星。其一明者为正妃，余三小者为次妃。帝尧因焉。至舜，不告而取，不立正妃，但三妃而已，谓之三夫人。夏后氏增以三三而九，合十二人。《春秋说》云：天子取十二，即夏制也。[3] 以虞、夏，及周制差之，则殷人又增以三九二十七，合三十九人。周人上法帝喾，立正妃。又三二十七为八十一人以增之。合百二十一人，其位：

---

[1] 《绸缪》。

[2] 《下曲礼》疏。

[3] 《公羊》疏谓非古礼，必有所本，可知郑氏此语之妄。

后也，夫人也，嫔也，世妇也，女御也，互者相参。以定尊卑。”郑氏好“据数差次”以言礼。骤读之，一似确知其事者，然读义疏云：“知帝喾立四妃者？”《大戴礼·帝系篇》云：“帝喾卜四妃之子，皆有天下。长妃有部氏之女曰姜嫄，生稷。次妃有娀氏之女曰简狄，生契。次妃陈丰氏之女曰庆都，生尧。次妃陬訾氏之女曰常宜，生帝挚。”《祭法》云：“帝喾能序星长以著众，明象星立妃也。”《大戴》谓帝喾卜四妃之子，不谓帝喾只有四妃。郑因谓帝喾立四妃，殊为附会。以《祭法序》星辰一语，遂谓喾立四妃以象四星，则尤无据矣。凡郑氏之言，固多如此。[1] 然郑氏虽

[1] 其实东汉古文家之言，无不如此。特书阙有间，无从尽发其覆耳。予所以宁信今文传讹之口说也。

好附会，而其注《周官》世妇云："不言数者，君子不苟于色，有妇德者充之，无则阙。"则亦知百二十之数不易盈矣。此亦见侍妾数百，拘女累千，乃后世之事，非古所有也。《春秋》云："诸侯取一国，则二国往媵。以侄娣从。古者女为媵，男亦为媵。伊尹之于有莘是也。《士昏礼》有媵御。"郑注曰："媵，送也。谓女从者也。御当为讶；讶，迎也，谓壻从者也。夫妇始接，情有廉耻，媵御交道其志。"然则媵御者，犹今人行昏礼时男女之傧相耳。女媵者可为妾，男之为媵者，亦可姣乎？女之媵当为壻之妾，壻之御，亦当为女之面首乎？若夫以侄娣从者，何君云：

"欲使一人有子，二人喜也。"[1] 此所以重继嗣，惟诸侯有之，非人人可备此礼。况"侄者何？兄之子也。娣者何？弟也"。古人昏姻，最重行辈。[2] 不论行辈，而下渔及其兄之子，非有权势者不能。亦非一男一女而成家室之道，如《盐铁论》所称质朴之世，所宜有也。故知媵与侄娣，亦后起之制也。

社会学家言畜妾之由，曰女多男少也；曰男子好色之性，不以一女子为己足也；曰男子之性，好多渔妇女也；曰女子姿色易衰，其闭房亦较男子为早也；曰求子姓之众多也；曰女

[1] 庄十八年。《穀梁》亦云："一人有子，二人缓带。"见文十八年。

[2] 见《合男女颁爵位必当年德义》。

子可从事操作，利其力也；曰野蛮之世，以致多女为荣也。征诸我国书传，亦多可见之。《周官》：职方氏，扬州，其民二男五女；荆州，一男二女；豫州，二男三女；青州，二男二女；兖州，二男三女；雍州，三男二女；幽州，一男三女；冀州，五男三女；并州，二男三女。其数未必可信。然据生物学家言，民之生，本男多于女，而其死者亦众，故逮其成立，则女多于男。脱有战争，则男女之相差尤甚。吾谓战争而外，力役甚者，亦足杀人。又女子恒处家，希触法网。刑戮所及，亦恒于男。天灾流行，捍之者多死，亦战争类也。古代女子皆能劳作，非若后世待豢于人。溺女等风，古必无有。试观古书多言生子不举，未尝偏在于女，可知也。

然则男少女多，古代亦必不免矣。[1]拿破仑曰："一男子但有一女子则不足，以其有姅，乳时也。"《内则》：妻将生子，及月辰，居侧室。三月之末，见子于父，乃后适寝。妾亦三月见子，而后入御。《汉律》：姅变者不得侍祠。[2]即拿坡[3]仑之说也。班氏《女诫》谓"阳以博施为贵，阴以不专为美"。此男权盛时，好渔色之男子所创之义也。《素问》谓女子二七而天癸至，七七而天癸竭；丈夫二八天癸至，七八天癸竭。[4]则女子闭房

❶ 惟男女虽有多少，初不得谓当藉畜妾以调剂之。古代之畜妾，亦未必有调剂男女多少之意，只是以快淫欲耳。《墨子》谓："当今之君，大国拘女累千，小国累百，是以天下之男，多寡无妻，女多拘无夫。"齐宣王曰："寡人有疾，寡人好色。"孟子告以大王好色，"内无怨女，外无旷夫"。皆以怨旷并言。则当时之民，怨女固多，旷夫亦不少矣。

❷《说文》。

❸"坡"，为"破"之误。——编者注

❹《上古天真论》。

之岁，早于丈夫者殆十年。《韩非》曰："丈夫年五十，而好色未解也；妇人年三十，而美色衰矣。以衰美之妇人，事好色之丈夫，则身死，见疏贱，而子疑不为后。此后妃夫人，所以冀其君之死者也。"❶ 古制三十而娶，二十而嫁，女小于男者十年，殆以此欤？然三十而美色衰，五十而好色未解，虽小十年，终不相副。况三十、二十，特辜较言之，课其实，男女之年，未必相差至是。此亦男子之所以好广渔色邪？若夫求子姓之多，则诗人以则百斯男颂文王其事也。❷《诗》又曰："掺掺女手，可以缝裳。"毛传曰："妇人三月庙见，然后

---

❶ 《备内》。

❷ 古重传统。统系在男，则无子者不得不许畜妾。不许畜妾，则不得不许其弃妻更取，而无子为七出之一矣。

执妇功。”笺曰:“未三月，未成为妇。裳，男子之下服；贱，又未可使缝。魏俗使未三月妇缝裳，利其事也。”然则坐男立女之风，正不待盛唐诗人而后兴叹矣。多妻淫佚，义士所羞。此非流俗所知。流俗方以是为美谈耳。西南之夷，有八百媳妇者，传言其酋有妻八百，与《周官》之侈言女御，何以异邪？然则社会学家所言畜妾之由，征诸吾国，靡不具之。人类之所为，何其异时异地而同揆也？[1]

嫡庶之别，周代颇严。“毋以妾为妻”，见诸葵丘之命。[2]《左》哀六

---

❶ 以上录《原妾》原文。
❷ 僖九年。

年："公子荆之母嬖，将以为夫人。使宗人衅夏献其礼。对曰：无之。公怒曰：女为宗司，立夫人，国之大礼也，何故无之？对曰：周公及武公取于薛，孝惠取于商，自桓以下取于齐，此礼也则有。若以妾为夫人，则固无其礼也。公卒立之，而以荆为太子。国人始恶之。"立一妾也，臣子以之抗争，国人因而非议，亦可见其限界之严矣。[1] 然以妾为妻，仍所时有。鲁僖公胁于齐媵女之先至者，立

---

[1] 又成十一年，"声伯之母不聘。穆姜曰：吾不以妾为姒。生声伯而出之"，则家人之间，限界亦甚严。

为夫人，其一事也。[1] 又有所谓“并后”者，[2] 则正妻与妾，礼秩如一。齐桓公内嬖如夫人者六人；[3] 卫孔文子妻太叔疾，疾嬖其初妻之娣，使如二妻[4]是也。案嫡庶之别，各国似不一律。《公羊》文四十四年：“晋郤缺纳接菑于邾娄。邾娄人曰：子以其指，则接菑也四，貜且也六。子以大国压之，则未知齐、晋孰有之也？贵则皆贵矣。”解诂：“时邾娄再娶，二

---

❶ 《公羊》僖八年。又僖二十三年，“狄人伐廧咎如，获其二女叔隗、季隗，纳诸公子。公子取季隗，以叔隗妻赵衰，生盾”。二十四年，“文公妻赵衰，生原同，屏括楼婴，赵姬请逆盾与其母。子余辞。姬曰：得宠而忘旧，何以使人？必逆之，固请，许之，来，以盾为才，固请于公，以为嫡子，而使三子下之。以叔隗为内子，而已下之”。虽出于让亦妻妾易位也。又文六年，赵孟谓“杜祁以君故，让嫗姞而上之。以狄故，让季隗而己次之，故班在四”。则妾之贵贱，亦可易位。

❷ 《左》桓十八，辛有之言。

❸ 《左》桓十七。

❹ 《左》哀十一。

子母尊同体敌。”疏云：“盖皆是右胜[1]之子，或皆是左媵之子。”案公羊家言：右媵贵于左媵，则二媵之子，不得尊同体敌。疏似失注意。郱娄盖亦所谓并后者也。窃疑妻妾之别，初亦视女家之贵贱。取于贵家者皆为妻，取于贱族者皆为妾。诸侯取一国，二国往媵，为胜者，其母家未尝不贵也。故《左》昭八年，陈哀公有元妃、二妃、下妃，虽别之曰元、曰二、曰下，而仍皆以妃称。僖二十二年，郑文夫人芊氏、姜氏劳楚子于柯泽，亦俱称夫人。《公羊》僖二十年，“西宫灾。西宫者何？小寝也。有西宫则有东宫矣。鲁子曰：以有西宫，亦知诸侯之有三宫也。”古以三为多

[1] “胜”，当作“媵”。——编者注

数。窃疑其初诸侯一取三女，并无嫡庶之别。故管氏有三归，孔子讥其不俭，谓其僭人君礼也。夫人与二媵，亦分贵贱，盖系后起之制。《尔雅》曰：“女子同出，谓先生为姒，后生为娣。”孙炎曰：“同出，谓俱嫁事一夫者也。”其称谓亦甚平等。盖妻妾之别，自以其母家贵贱分之，不系一人只有一妻，其余则皆为妾也。嫡庶之别，盖至周代而始严，而后人因之。

《丧服传》：“媵与夫人之娣为贵妾，得为继室。余五人为贱。”《繁露·三代改制质文篇》：“主天法商而王。其道佚阳，亲亲而多仁朴。故立嗣予子，笃母弟。妾以子贵。主地法夏而王。其道近阴，尊尊而多义节。故立嗣予孙，笃世子。妾不以子称贵号。”《春秋》变周之文，从殷之质，故“母以子贵”。[1] 然“妾为夫人，特庙祭之，子死则废”[2] 与《丧服》之慈母同，犹与正夫人有别也。

夫妇之间，初本平等。予旧撰《释夫妇》一篇，可以见之。其言曰：夫妇二字，习用之。诂曰：“夫，扶也。”“妇，服也。”其义甚不平等。然非夫妇二字之初诂也。夫妇之本义，盖为抱负。其后引伸为伴侣。何以言之？《史记·汉高帝纪》有武负，《陈丞相世家》有张负。如淳曰：“俗

---

❶ 《公羊》隐元。

❷ 隐五解诂。

谓老大母为阿负。”司马贞曰：“负是妇人老宿之称。”然《高帝纪》以王媪、武负并言，则负必小于媪。师古曰：“刘向《列女传》云：魏曲沃负者，魏大夫如耳之母也。此则古语谓老母为负耳。王媪，王家之媪也。武负，武家之母也。”予谓媪为老妇之称；母不必老，凡主妇皆可称之，犹男子之称父也。然则王媪为老妇；武负，张负，特其家之主妇耳。正妇字之转音也。❶ 古以南为阳，北为阴。亦以人身之胸腹为阳，背为阴。故南乡而立，则曰“左圣，乡仁；右义，背藏”。❷ 南训任，男亦训任；北训

❶ 今用婆字，亦具二义。俗称老妇为老太婆，即如淳所谓老大母。吴俗称妻曰家主婆，则古书皆作家主妇也。《尔雅·释鱼》：“鱊鮬，鳜妇。”王氏筠曰：“今称为鳜婆。”知二字之相淆久矣。

❷ 《礼记·乡饮酒义》。

背，负亦训背。[1] 可知妇背本一字。方言："抱，耦也。"则抱有夫义。抱负双声，[2] 夫妇亦双声，夫妇抱负，正一语也。《老子》："万物负阴而抱阳，冲气以为和。"负阴而抱阳，犹言妇阴而夫阳；冲气以为和，则夫妇合而生一子矣。古言抱负，犹今言正负。正负各得其体之半，故孳乳为半字。《仪礼》："夫妻牉合"，正言其为一体也。物之正负，不能相离，故又孳乳为伴字。《说文》："㚘，并行也。读若伴侣之伴。"《说文》无侣字，伴训大，"读若"当出后人沾注。然其语自有所本。㚘盖伴侣之伴之正字也。《汉书·天文志》："晷：长为潦，短为旱，奢为扶。"注："郑氏曰：

---

[1] 《秦策》注。
[2] 《淮南·说林》注："背，抱也。"

扶当为蟠，齐鲁之间声如酺。晋灼曰：扶，附也。小人佞媚，附近君子之侧也。”通卦验：“晷：进为赢，退为缩，稽为扶。扶者，谀臣进，忠臣退。”郑注：“扶亦作㚘。”《集韵》亦云：“古扶字作㚘。”并文音义，多同本文，可知“夫”“㚘”实一字。故训夫之言扶，犹曰夫之言㚘耳。诸侯之妻曰夫人，亦此义。不然，岂凡妇皆待其夫扶之，独诸侯则当待其妇扶之乎？物之正负面，既不可离，即恒相依附。故负训恃，亦训依。夫训附，亦训傅。[1]《方言》：“北燕朝鲜洌水之间，谓伏鸡曰抱。”皆附着之意也。[2]

---

❶《诗》：“夫也不良。”毛传：“夫，傅相也。”《郊特牲》：“夫也者，夫也。”注：“夫或为傅。”

❷ 以上《释夫妇》原文。

夫妇之间，所以渐趋不平等者，其故有三：（一）由权力。社会进化，阶级浸分。操大权，居高位者，多属男子。故可任意畜妾弃妻。读《原妾》一篇可见。（二）由族制。古代婚姻，为治家传统计者多，为夫妇二人计者少。家为男子所有，统系亦属诸男，则男权日张矣。（三）由生计。古代男女，生利之力，财产之权，无甚差别。据社会学家言，农业且权舆于妇人。然及后世，财权悉操诸男子，妇女遂待豢于人。既待豢于人，则其权不得不小矣。此女权之所由坠也。今更略举事实以明之。

古代昏礼，于男女两家，礼意本极平等。《公羊》曰："天子嫁女于诸侯，必使诸侯同姓者主之。诸侯嫁女于大夫，必使大夫同姓者主之。”解诂曰:“尊卑不敌。行昏姻之礼，则伤君臣之义；行君臣之礼，则伤昏姻之好”[1] 也。“礼不臣妻之父母，故宋三世内取，《春秋》讥其无臣。”[2] 天子得娶庶人女，以其得专封。诸侯不得专封，则不取大夫以下。[3] 此看似不平等，正所以求婚姻之平等也。然既有阶级之分，终必有取于不同阶级之事，则不能平等矣，妾是已。后世阶级之差益甚，则并本来平等之意而忘之。《荀子》谓“天子无妻，告人无

---

❶ 庄元年。

❷ 文七，僖二十三、二十五。以后夫人言，亦尊不加于父母。桓九年曰：“父母之于子，虽为天王后，犹曰吾季姜”是也。

❸ 桓二年。又文四年：“逆妇姜于齐。其谓之逆妇姜于齐何？略之也。高子曰：取乎大夫者；略之也。”解诂曰:“贱，非所以奉宗庙，故略之。”

匹”是也。[1] 古文家所以不主亲迎者以此。

昏意之偏重治家传世，古书中尤多见之。《士昏礼》：“父亲醮子而命之迎。”其辞曰：“往迎尔相，承我宗事。”《曾子问》曰：“嫁女之家，三夜不息烛，思相离也。取妇之家，三日不举乐，思嗣亲也。”《郊特牲》曰：“昏礼不贺，人之序也。”皆其重传世之征。《昏义》曰：“成妇礼，明妇顺，又申之以著代，所以重责妇顺焉也。妇顺也者，顺于舅姑，和于室人，而后当于夫；以成丝麻布帛之事，以审守委积盖藏。是故妇顺备而

[1] 《大略篇》。

后内和理，内和理而后家可长久也，故圣王重之”，则其重治家之征也。夫如是，其视夫妇之关系，自不得不较轻。《内则》曰：“子甚宜其妻，父母不悦，出。子不宜其妻，父母曰：是善事我，子行夫妇之礼为；没身不衰。”其忽视夫妇之好，可谓甚矣。何君曰：“妻事夫有四义：鸡鸣纵笄而朝，君臣之礼也。三年恻隐，父子之恩也。图安危可否，兄弟之义。枢机之内，衽席之上，朋友之道。”[1]四义中惟第一义不平等，正以男子为家长故也。

农业始于妇人，古书亦有可征

---

[1] 庄二十四。

者。《昏义》曰："古者妇人先嫁三月，祖庙未毁，教于公宫；祖庙既毁，教于宗室，教以妇德，妇言，妇容，妇功。教成，祭之。牲用鱼，芼之以蘋藻。"毛传谓《采蘋》之诗，即此教成之祭。又谓公侯夫人，执蘩菜以助祭；王后则荇菜。《左》哀七年，陈乞曰："常之母有鱼菽之祭"，则妇人所持以祭者，鱼类外皆植物也。男子之挚：卿羔，大夫雁，士雉，而妇人之挚为枣栗。❶宗庙之事，君亲割，夫人亲舂。❷《周官》舂：职金，"其奴：男子入于罪隶，女子入于藁。"舂人有女舂抌，藁人有女藁，酒人有女酒。《墨子·天志下》："妇人以为舂酋。"酋即酒也。《天官》内宰，

❶ 《下曲礼》。
❷ 《穀梁》文十三年。

“上春，诏后帅六宫之人，而生穜稑之种”。又王立朝，后立市，则虽工商业亦操诸妇人之手矣。

妇人权利既丧失，遂附属于男子。《郊特牲》曰：“妇人无爵，从夫之爵，坐以夫之齿。”又曰：“妇人，从人者也；幼从父兄，嫁从夫，夫死从子。”❶皆不认其独立与人格者也。《公羊》曰：“妇人谓嫁曰归。”❷《昏义》曰：“壻执雁人，揖让升堂，再拜奠雁。盖亲受之于父母也。”《檀弓》曰：“姑姊妹之远也，盖有受我而厚之者也。”此所谓受，皆出于此

❶ 注：“从谓顺其教令。”《穀梁》隐二年：“夫死从长子。”

❷ 隐二年。

属于彼之谓，故妇人不二斩。[1]《杂记》："姑姊妹，其夫死，而夫党无兄弟，使夫之族人主丧。妻之党，虽亲弗主。夫若无族矣，则前后家，东西家，无有，则里尹主之。"妻之党，所以斤斤焉不敢为之主者，即以其既出此而属彼之故也。

既属于人，则无人格。无人格，则与物等。《左》襄二十八年，齐庆封以其内实，迁于卢蒲嫳氏，易内而饮酒。注："内实，宝物妻妾也。"以宝物与妻妾并举，无怪妻帑之帑，可引伸为帑藏之帑矣。其教育，除今所

[1] 《丧服传》："为父何以期也？妇人不贰斩也。妇人有三从之义，无专用之道。故未嫁从父，既嫁从夫，夫死从子。故父者，子之天也；夫者，妻之天也。妇人不贰斩者，犹曰不贰天也。"

谓贤母良妻外，亦无所有。所谓妇德、妇言、妇容、妇功是也。《内则》：“女子十年不出。姆教婉娩听从。执麻枲，治丝茧。织纴组紃。学女事，以共衣服。观于祭祀，纳酒桨，❶ 笾豆，菹醢，礼相助奠。”亦不外乎家族之奴隶而已。

夫妇之制既立，所以防淫者乃甚严。昏礼之精意，在于“男不亲求，女不亲许”，故“昏礼不称主人”。如季姬之使鄫子请已❷者，则以为大非。❸ 此犹可说也。乃至诸侯夫人，

❶ “桨”，当为“浆”。——编者注
❷ “已”，疑为“己”之误。——编者注
❸ 《公羊》隐二年、僖十四年。

既嫁则禁其归宁。[1] 妇人夜出，必待傅姆。至宋伯姬逮火而死，[2] 亦可谓酷矣。又不独贵族，即平民，所以防其淫者亦甚至。[3] 然淫风终不绝。就其见于书传者：若陈佗以外淫而见杀；[4] 若邾娄颜淫九公子于宫中；[5] 若单伯送子叔姬，而道与之淫；[6] 若祁

---

❶《公羊》庄二十七年解诂。郑玄谓父母在有归宁，没则使大夫宁。杜预同。见《诗·泉水》笺、《左氏》庄十五年注。案《战国策》触詟说赵太后，谓其于燕后，“饮食必祝之，祝曰必勿使反”。是时太后故在，何说是也。

❷《公羊》襄三十年。

❸《癸巳存稿》云：“《周礼》野庐氏，比道路宿息井树。《周语》单襄公谓列树表道。《管子》‘轻重丁’‘轻重戊’，并云：沐涂树之枝，无使男女相睹，树下谈语超距。《八观》云：食谷水，巷凿井；场圃接，树木茂；宫墙毁坏，门户不闭；外内交通，则男女之别，无自而正矣。则树之沐枝宜知也。子产治郑，桃李垂街，亦因郑俗淫”，云云。予案《汉志》言郑山居谷汲，男女亟聚会，故其俗淫，则古代民间，男女聚会，亦罕有之事也。

❹《公羊》桓六年。

❺《公羊》昭三十一年。

❻《公羊》文十四年。

胜与邬臧通室；[1] 若吴入郢，“君舍于君室，大夫舍于大夫室”。[2] 皆后世所无也。盖古代男女际会，本极自由。虽以礼法束缚之，终非旦夕所能变也。

《日知录》盛称秦始皇《会稽刻石》，其辞曰：“饰省宣义，有子而嫁，倍死不贞。防隔内外，禁止淫佚，男女洁诚。夫为寄豭，杀之无罪，男秉义程。妻为逃嫁，子不得母，咸化廉清。繁而不杀，坊民正俗之意，未始异于三王。”又巴寡妇清，能以财自卫，始皇为筑女怀清台。[3]

---

❶ 《左》昭二十八年。
❷ 《公羊》定四年。
❸ 《史记·货殖列传》。

始皇之死，二世曰："先帝后宫有子者，出焉不宜。"皆令从死。❶ 论者因谓尚贞操始于秦。予谓不然。贞操之原，起于人之妒忌。《螽斯》笺："凡物有阴阳情欲者，无不妒忌，惟蚣蝑不耳。"古人早知之矣。贞妇之名，昉见《丧服·四制》。就行事言之：伯姬以待姆而死，而《穀梁》称其能尽妇道；怀嬴再事晋文，而赵孟讥为二嬖；❷ 征舒病似女亦似君之语，而至于弑君；❸ 蒯聩耻娄猪艾豭之歌，而欲弑其母。❹ 以至《芣苢》《柏舟》《大车》之序于诗，所以奖厉贞节者亦至矣。❺ 始皇独言之于越者，越俗

❶ 《史记·秦始皇本纪》。
❷ 《左》文六年。
❸ 《左》宣十年。
❹ 《左》定十四年。
❺ 皆见《列女传》。

淫，男女同川而浴；九真之知有妃偶，乃自任延为守始。[1] 始皇治越，盖以是为要政之一。其在他处，初不必然也。其奖巴寡妇清，则以古代妇女，多为强暴所侵陵，《行露》之诗是也。嘉其能屹然独立，非奖其贞节也。至二世之杀宫人，则只不谓之好杀耳。故谓秦人崇奖节妇，不如谓儒家提唱贞操之为得也。然儒家之视贞操，亦决不如后世鄙儒之重。《郊特牲》曰："一与之齐，终身不改，故夫死不嫁。"今之好言礼教者，于斯语颇乐道之。案《郊特牲》多《冠昏义》简错，此语亦《昏礼》之传也。"一与之齐，终身不改。"乃谓不得以

---

[1] 《后汉书·循吏传》。

妻为妾，非谓不嫁。❶ 故《丧服》有继父。此语为后人窜入甚明。子叔姬道淫于单伯，致为齐人所弃，《春秋》犹闵之。❷ 卫有七子之母，不能安其室，而孟子以为小过。与今世俗之见，迥不侔矣。行经义最力者，莫如汉人。《汉书·文帝纪》，遗诏："归夫人以下至少使。"❸ 荀悦《汉纪》作"所幸慎夫人以下至少使，得令嫁"。慎夫人为文帝所最幸，犹令其嫁，宜景帝美其"重绝人之世"❹ 也。景帝之崩，亦出宫人归其家。至武、昭，乃有奉陵之制。平帝崩，王莽复出媵妾，皆归家。莽亦能行经义者

❶ 注："齐，谓共牢而食，同尊卑也。"亦不及不嫁义。

❷ 《公羊》文十五年。

❸ 应劭曰："夫人以下，有美人、良人、八子、七子、长使、少使，皆遣归家，重人类。"

❹ 《景纪》元年。

也。“非礼之礼，非义之义，大人弗为。”流俗鄙儒之见，亦适自成其为流俗鄙儒耳。

贞操之重，由于妇人权利丧失，社会事务，一无所预，徒以匹合之故，为男子所豢养。则其对于男子，守贞操自不得不严。西人某，谓“妇人以一事而易得毕生之安”是也。职是故，遂以贞操为女子最要之道德。《穀梁》曰：“妇人以贞为行者也。”[1]《氓》之诗曰：“士之耽兮，犹可说也。女之耽兮，不可说也。”笺曰：“士有百行，可以功过相除。至于妇人，无外事，惟以贞信为节。”此语

[1] 襄三十年。

后人多称引之，足以见社之会思想[1]矣。

浅演之群，其于贞操也，往往责妇严而责女宽。中国则不然。宋伯姬以待姆而死，《左氏》谓其“女而不妇”是也。此盖男权益张，压制女子益甚，故其于贞操，不徒责之为妇时，而并责之于为女时耳。

以上所论，皆古事也。吾国社会，根柢实定于古代。至后世，则但奉行古义，无大改变矣。[2] 然社会情

---

❶ “社之会思想”，当为“社会之思想”之倒文。——编者注

❷ 此由所接之民族，程度皆低于我。又数千年来，处境未尝大变故也。

势，今古究有不同。故有名存实亡者，亦有变本加厉者。亦不容不一考也。

劫掠之昏，稍进化时，即已无有。然昏姻之间，亦间有以强力行之者。《左》昭元年，“徐吾犯之妹美，公孙楚聘之矣，公子黑又使强委禽焉”是也。[1] 后世则多施之已字之女。《陔余丛考》曰：“村俗有以婚姻议财不谐，而纠众劫女成婚者，谓之抢亲。”《北史·高昂传》：昂兄乾，求博陵崔圣念女为婚。崔不许。昂与兄往劫之。置女村外。谓兄曰：“何不行礼？”于是野合而归。是劫婚之事，

❶ 又隐二年，“莒子取于向。向姜不安莒而归。夏，莒人入向，以姜氏还”，则施之已娶之妻。

古亦有之。然今俗劫婚，皆已经许字者，昂所劫则未字，固不同也。予案《清律》："凡豪势之人，强夺良家妻女，奸占为妻妾者，绞。配与子孙、弟侄、家人者，罪亦如之。"❶ 此未经许字之女。又"应为婚者，虽已纳聘财，期未至，而男家强娶者，笞五十"。❷ "女家悔盟，男家不告官司强抢者，照强娶律减二等。"则如世俗所为，亦未尝无罪矣。至于迫嫁孀妇，则尤乖人道。其事亦古已有之。《潜夫论·断讼》云："贞洁寡妇，遭直不仁世叔、无义兄弟，或利其娉币，或贪其财贿，或私其儿子，则迫胁遣送；有自缢房中、饮药车上、绝命丧躯、孤捐童孩者。"又有"后夫

❶ 男女不坐。
❷ 指主婚人。

多设人客，威力胁载者”。此等事，今世亦所不免，实法律所当禁也。

又有虽无劫略之形，而有威迫之实者。此法律无可治，然论人道，固不应尔，亦社会所应加以制裁也。《三国·吴志》：“孙破虏吴夫人，本吴人，徙钱塘。早失父母，与弟景居。孙坚闻其才貌，欲娶之。吴氏亲戚，嫌坚轻狡，将拒焉。坚甚以惭恨。夫人谓亲戚曰：何爱一女，以取祸乎？如有不遇，命也。遂许为婚。”夫求女不许，而至以取祸为虑，则坚之权势可知。《吴志》谓坚少为县吏。年十七，与父共载船至钱唐，会海贼胡玉等从匏里上掠取贾人财物，方于岸上分之。坚操刀上岸，以手东西指麾，若分部人兵以罗遮贼状。贼望见，以为官兵捕之，即委财物散走。坚追，斩得一级而还。由是显闻。府召署假尉。《吴书》谓："坚世仕吴，家富春。"❶ 盖今所谓土豪劣绅也。吴夫人早失父母，兄弟幼弱，故谓所胁耳。凡今之挟势以求，而所求不敢不许者，皆此类也。

卖买之事，尤数见不鲜。可谓人类一切罪恶，皆自贪财利来；亦可谓人类一切罪恶，皆因迫于生计，不得已而为之也。汉时以一女许数家者甚多。《断讼篇》又曰："诸一女许数家，虽生十子，更百赦，勿令得蒙

❶ 注引。

一，还私家。则此奸绝矣。不则髡其夫妻，徙千里外剧县，乃可以毒其心而绝其后。”其深恶之至于如此。可见其时此等风气之甚。《抱朴子·弭讼篇》述其姑子刘士由之论，谓：“末世举不修义，许而弗与。讼阋秽辱，烦塞官曹。今可使诸争婚者，未及同牢，皆听义绝，而倍还酒礼，归其币帛。其尝已再离，一倍裨娉。其三绝者，再倍裨娉。如此，离者不生讼心，贪者无利重受。”又载已答辞曰：“责裨娉倍，贫者所惮也。丰于财者，则适其愿矣。后所许者，或能富殖，助其裨娉，必所甘心。然则先家拱默，不得有言。原情论之，能无怨叹乎？”又曰：“傥令女有国色，倾城绝伦。豪右权臣之徒，目玩冶容，心忘礼度。资累千金，情无所吝。十倍还娉，犹所不惮，况但一乎?”可见不但女家贪利而数许，即男家亦有明知而故为之者。卖买之风，几于明目张胆矣。葛氏之意，欲使“女氏受聘，礼无丰约，皆以即日报板。又使时人署姓名于别板。必十人已上，以备远行及死亡。又令女之父兄若伯叔，答婿家书，必手书一纸。若有变悔，而证据明者，女氏父母兄弟，皆加刑罚罪”。亦可见其时此等风气之盛也。

今社会颇重信约，视昏姻之约尤重。一女数许之事，可谓极少。嫁女而争较财礼者，亦多仍以为遣嫁之资，非利其财以入已。此则由昏礼所费，与人民生计程度不相副，故有此弊耳。不得谓之卖买也。惟娶妾者，仍多出于价买。案卖买人口，本为法律所不许，则买妾自亦事同一律。《后汉书·光武纪》：建武七年，“诏吏人遭饥乱，及为青、徐贼所略，为奴婢下妻，欲去留者，恣听之。敢拘制不还，以卖人法从事”。十三年，“诏益州民自八年以来，被略为奴婢者，皆一切免为庶民。或依托人为下妻，欲去者，恣听之。敢拘留者，比青、徐二州，以略人法从事”。中国历代，多有以法律强制释放奴婢者。此两诏，则并及下妻也。略谓以力劫取；依托，则亦利其衣食而从之。然法律同许其去。今之价买，亦古依托之类也。若放东京之法，明诏天下，恣其去留，而严拘制之罪，则善矣。[1]

昏礼至后世渐简。此由后世之社会，繁文缛节，不如古代之甚也。《通典》云：“东汉、魏、晋以来，时或艰虞，岁遇良吉，急于嫁娶，六礼俱废。”似仅得其一端。即逢清宴之时，亦未必古代繁缛之礼，能永行弗替耳。然古代重礼，所谓礼者，虽原出习俗，而屡经改定，颇有文明之意。后世则各率其俗而行之，颇有极野蛮之习，遗留其间，是亦文明之累也。

---

[1] 俗又有将妻妾典雇与人为妻妾者。《清律》杖八十，典雇女者杖六十，妇女不坐。知而典雇者，各与同罪。并离异。

自由结昏之风，古代尚间有之。如前所举鄫季姬，其最著者也。后世视廉耻愈重，婚姻之权，遂全操诸父母。今之论者，谓结昏当本男女相爱之情。因以自由结昏为尚。谓今之夫妇仳离者，皆昏姻不自由为之。予谓昏姻诚当重自由。然使社会之视离昏，仍如今日之重；夫妇之离昏，仍如今日之难；则结昏纵极自由，亦未必遂有救于夫妇之道之苦。何则？天下无一成不变之人情，况于男女之爱之不暇深虑其后者乎？作事无一著手即不许改易之理，况于夫妇之和好与否，系于人之苦乐尤大者乎？一为昏姻，终身不改，如此而求选择之无憾，恐圣人有所不能也。夫父母之为子女择妃，与听子女自行择妃，诚亦各有短长。今世之父母，为其子女择妃不当者，非不爱其子女；智识不足，则以不善为善，以善为不善耳。下焉者，则眩于势，惑于利耳。然自行择妃，智识遂皆足乎？遂能无眩于势，惑于利乎？恐未必然也。盖人之举事而无悔，必在其血气略定之时，然待至血气定而结昏，恐人之生理，终不能尔也。故救夫妇之道之苦，惟有使离昏容易耳。

父母许婚之最不善者，则如指腹为婚等是。此几于全不顾其子女之利害矣。《南史·韦放传》：“放与张率，皆有侧室怀孕，因指腹为婚姻。其后各产男女，而率亡。放乃以子娶率女，以女适率子。”《北史》：“崔浩女为尚书卢遐妻。浩弟恬女，为王慧龙妻。二女俱有孕。浩谓曰：汝等将来所生，皆我之自出，可指腹为亲。”盖此等事，皆出于姻娅朋友，欲结两家之好，遂不计其子女之妃合，是否相宜也。司马温公《家范》议其弊云：“及其既长，或不肖无赖，或身有恶疾，或家贫冻馁，或丧服相仍，或仕宦远方，遂至弃信负约，速狱致讼”，则其弊已著矣。故法律禁之。《清律》云：“男女昏姻，各有其时。或有指腹、割衫襟为亲者，并行禁止”，是也。惜乎此等法律，多成具文耳。

离昏之律，后世略与古同。《清律》云：“凡妻无应出及义绝之状而出之者，杖八十。虽犯七出，有三不去，而出之者，减二等。追还完聚。若犯义绝，应离而不离者，亦杖八十。若夫妻不相和谐，而两愿离者，不坐。”七出三不去，沿袭古礼，于现在情形，已不甚切。故律所强其出之者，惟在义绝。七出则但可出耳，出不出仍听之。而何谓义绝，律无明文。盖难言之，故浑涵其词也。不相和谐，即可离异，似极自由。然必限之以两愿则甚难。何则？妻易为夫所虐待，不和谐即不得不求去，而夫不易为妻所虐待，且可虐待其妻以求利，❶ 则妻愿离者，夫往往不愿。而律定妻背夫在逃者，罪又甚重，❷ 则两愿离昏，徒便于夫耳。钱辛楣云：“去妇之义，非徒以全丈夫，亦所以

❶ 如迫使为倡，或苦役使。

❷ 杖一百，从夫嫁卖。因逃而改嫁者，绞。

保匹妇。后世闾里之妇，失欢于舅姑，谗间以叔妹，抑郁而死者有之。或其夫淫酗凶悍，宠溺嬖媵，陵迫而死者有之。准之古礼，固有可去之义。亦何必束缚之，禁锢之，置之必死之地而后快乎？”其说善矣。然今之妇女，所以重离昏者，皆以生计不能自立。既无归宗之义，俗又贱再醮妇，不愿取；则既去即无所归，终必寒饿死耳。故欲求昏姻真自由，必女子生计能独立也。近人或云：“离昏之律，当定由妻提出者无不许。”其意与旧律恰反。然实扶持女权，保护弱者之良法也。

《杂记》：诸侯出夫人，“有司官陈器皿，主人有司亦官受之”。注：

“器皿，本所赍物也。《律》：弃妻畀所赍。”《韩非子·外储说》：吴起出妻，“使之衣而归”。此或大归时亦事容饰。然亦可见出妻者不利所赍矣。世衰俗薄，贪鄙者或弃其妻而利其所赍。律当禁之。如能明定妻所赍皆为其私财，虽不离异，不得其允许者，夫亦不能擅用。离异之际，夫曾耗其妻之所赍者，当赔偿。则亦辅助妇人生计，使能独立之一法也。

贞操至后世而愈重。观《廿二史劄记》“汉诸王荒乱”“汉公主不讳私夫”等条，可见汉时之视贞操尚轻。自此，愈至后世则愈重，而多偏责诸女。此无足异，义务固多偏责之于弱者耳。然为妇为女，虽重贞专，而改嫁尚非所讳。自宋学盛行，而士大夫之家，女子之改嫁者，乃几于绝迹矣。《程氏外书》："问孀妇于理似不可取，如何？曰：然。凡妻，以配身也。若娶失节者以配身，是已失节也。又问或有孤孀贫穷无托者，可再嫁否？曰：只是后世怕寒饿死，故有此说。然饿死事极小，失节事极大。"斯言也，世多以为诟病，以为宋以后之重改嫁，此言为之也。然程子之意，自极言律已[1]之当严，不重在责妇人之守节。况《外书》本不如《遗书》之可信；而小程在宋儒中，议论又多有病。后人不采他家之说，而独诵小程之言；又泥其言而失其意之所重。此自后来治宋学者之无识，亦未

[1] "已"，当为"己"。后同。——编者注

可全咎程子也。[1]

因崇尚守节之极，乃有许嫁壻死，亦为之守志，甚或从死者。归熙甫此之淫奔，说固小激。汪容甫讥其不合古礼，[2] 谓为好仁不好学，其蔽也愚。则虽笃信旧体教者，亦无辞以自解矣。予谓流俗所称崇，大抵偏激之行，罕知中和之德，亦不独此一端也。

同姓为昏之禁，后世守之愈严。然其实则与古异。古之姓为母系，后

---

❶ 《清律》："凡居父母丧及夫丧，而身自嫁娶者，杖一百。命妇夫亡再嫁者，罪亦如之。"则以法律禁止再嫁矣。

❷ 谓"昏姻之礼，成于亲迎，后世不知，乃重受聘"。

世之姓为父系，一也。古者近亲，多为同族。如予说，同姓不昏，原于同族不昏，则诚得近亲不昏之意。[1]后世则但求不同父系，姑之子、从母之子，无不可昏者。姑无论近亲不昏，当理与否未可定，即为当理，而后世之所谓同姓不昏者，亦全失近亲不昏之意矣。二也。《大传》：“四世而缌，服之穷也。五世祖免，杀同姓也。六世亲族竭矣。庶姓别于上，而戚单于下，昏姻可以通乎？系之以姓而弗别，缀之以族而弗殊，虽百世而昏姻不通者，周道然也。”注：“姓，正姓也。始祖为正姓，高祖为庶姓。”疏：“正姓，若周姓姬，齐姓姜，宋姓子。庶姓，若鲁之三桓，郑之七穆。”

[1] 前所引《取于异姓所以附远厚别义》。

可见今之所谓同姓不昏者，乃周代之制也。[1] 然后世有姓虽同而实非同祖，姓不同而实出一祖者。以周制论，则姓虽同而实非同祖者可昏，姓不同而实出一祖者不可昏。[2] 然世俗多反是，则以姓之同异易办，而得姓之由，则大抵无可稽考也。[3]

《清律》："娶已之姑舅、两姨姊

❶ 《左》襄二十五年："东郭偃臣崔武子。棠公死，偃御武子以吊焉。见棠姜而美之。使偃取之。偃曰：男女办（辨）姓，今君出自丁，臣出自桓，不可。"其所谓姓者，即《大传》注所谓正姓之姓也。

❷ 此即庶姓别而正姓不别也，但亡其正姓耳。

❸ 《汉书》：王莽以姚、妫、陈、田，皆黄、虞后，与已同姓。令元城王氏，勿得与四姓相嫁娶。然《王䜣传》：䜣孙咸，有女为王莽妻，号宜春氏。师古曰：莽以已（己）与咸得姓不同，祖宗各别，故娶之。《晋书·刘颂传》：颂嫁女陈峤。峤本刘氏子，与颂近亲，出养于姑而姓陈。其友尝讯之。颂曰：舜后姚、虞、陈、田，本同根叶，而世皆为婚，律不禁也。

妹者，杖八十，并离异。”此等法律，久成具文。世俗好言“亲上加亲”。又如南北朝时，崇尚门第，所谓大姓，往往数家自为昏姻。此等昏姻，必不能避亲族。亦未闻“其生不蕃”，或“相生疾”也，可见古说之无据矣。

古代有妾无妾，视其人之贵贱而分。后世则以贫富而异。然法令仍有以贵贱立别者。如唐制：亲王，孺人二人、媵十人；二品，媵八人；国公及三品，媵六人；四品，媵四人；五品，媵三人是也。[1]《元史·刑法志》：“有妻妾复娶妻妾者，笞四十七，离之。在官者解职记过，不追聘财。”

[1] 见《唐书·百官志》。

则妾以一人为限。《明律》："民年四十以上无子者，方听娶妾。违者笞四十。"是平民娶妾，非尽自由也。《清律》删此条，实非是；末年定民律，于许置妾与否，颇有争辩。卒以达官贵人多有妾，不便禁止，仍许之。民国时，大理院判决例，解释妾之身分云："凡以永续同居，为家族一员之意思，与其家长发生夫妇类同之关系者，均可成立。法律不限何种方式。"❶ 则娶妾愈自由矣。近日上海临时法院判决九江路钱祥荣与其妾毛氏❷讼案，乃谓《国民党党纲》不许有妾，判令离异。其意诚善。然《党纲》是否可据以决狱，则疑问也。❸

---

❶ 上字一千二百零五号。

❷ 本姓华氏。

❸ 民国十六年九、十月间事。

妾之地位，后世较古代略高。此由古代社会有贵贱阶级，为妾者多出贱族，至后世则无此阶级也。[1]《丧服》注：“妾谓夫为君，不得名壻为夫。”又女君死，妾服丧三年。皆臣对君之礼，不以亲族关系论也。后世

[1] 古之臣妾，犹今之仆婢，故二者恒并举。如《丧服》之贵臣贵妾是也。《曾子问》曰：“古者男子，外有傅，内有慈母，君命所使教子也。”《公羊》襄三十年解诂云：“礼，后夫人必有傅母。选老大夫为傅，选老大夫妻为母。”则男子固可以女为妾，女子亦可以男为臣。犹今男得役婢，女亦得庸仆耳。非与之发生夫妇类同之关系也。其后男遂与妾发生夫妇类同之关系，而女不与臣发生夫妇类同之关系者，则由男权张而女权削，犹媵遂为男子之妾，而御不为女子之面首也。《曾子问》疏云：“诸侯之子，适庶皆三母。故《内则》云：必求其宽俗慈惠，温良恭敬，慎而寡言者为子师。其次为慈母。其次为保母。其大夫及公子适子亦三母。”案《内则》又云：“国君世子生，卜士子妻，大夫之妾，使食子。”又云：“大夫之子有食母。”夫慈母亦食母类也。而据《丧服》，则慈母遂为与男子发生夫妇类同之关系之妾。则男子之外傅，亦可与其母发生夫妇类同之关系乎？此亦吾妾为后起，非古所有之说之一证也。《诗·南山》疏驳何君之说云：“以男子为傅，书传未尝闻焉。”盖此等皆古制，见于书籍者绝少，故古文家不之知也。非今文家亲承孔子之口说，孰从而闻之哉？

虽犹存此制，特其形式而已；其意则久视为家属之一员矣。《颜氏家训》云：“江左不讳庶孽。丧室之后，多以妾媵终家事。河北鄙于侧出，不预人流。是以必须重娶，至于三四。身没之后，辞讼盈公门，谤辱彰道路。子诬母为妾，弟黜兄为佣。播扬先人之辞迹，暴露祖考之长短，以求直己者，往往而有。”盖江左犹存有妾不再娶之意，是汉族旧风。河北则渐染胡俗也。胡俗贱妾甚于汉族者，以其社会亦有阶级，❶ 不如汉族之平等也。

取妾之人，多借口子嗣，其实则为淫欲者多。颜氏又云：“今人多不

❶ 种姓之别是也。

举女。吾有疏亲，家饶妓媵。诞育将及，便遣阍竖守之。体有不安，窥窗倚户。若生女者，辄持将去。母随号泣，莫敢救之。”此等亦得谓非为淫欲乎？或谓富贵之人，必饶智力。听其多置妾媵，优种可以广传。此尤荒谬之论。人之富贵，或由生而即然，或则遭遇时会，岂其智力，皆异恒人？彼野蛮之世，多畜妻妇，犹或利其力，或涎其色。至于专为纵欲，则必徒取轻盈，不好壮佼。而轻盈之女，多系劣弱之躯。又畜妾徒以多财，则得妾必由价买。而彼粥女之人，亦多愚弱之辈。然则蓄妾之男，种未必优；为妾之女，其种先劣矣。以此而言善种，不亦南辕北辙乎？

妾之地位，后世虽视古为高，然嫡庶之别，则大抵颇严。二妻尤为大禁。世俗间有行之者，如所谓“兼祧双娶”是也。《大理院解释》以后娶者为妾。[1]

畜妾既由地位而然，则女子地位，设或特异，自亦可畜男妾。如宋废帝为其姊山阴公主置面首左右三十人。齐文帝王皇后，当郁林王时，尊为皇太后，称宣德宫。郁林为置男左右三十人是也。但此等事，公然行之者，究甚少耳。

---

❶ 统字第四百二十八号。

妇女沦落之极，则为倡伎。管子女闾三百，句践以寡妇淫佚过犯，皆输山上。士有忧思者，令游山上，以喜其意，世多以为倡伎之原。予谓古代男女，本有会计，又昏妃之事，官司亦加管理。❶民之瘗里，率由官授，则此二事，实不能指为倡伎。且倡伎者，俗所称为卖淫者也。必卖淫乃可称为倡伎，则即官以政令，使妇女与男子乱，亦与所谓倡伎者无涉。倡伎既为卖淫之谓，则何时有所谓卖，又女子之淫，何时可卖，是即倡伎之始耳。倡伎字本皆从人，可见为之者不专于女。女之为倡伎者，遂为卖淫之

---

❶《周官》："媒氏，掌万民之判。凡男女自成名以上，皆书月日名焉。令男三十而娶，女二十而嫁。凡娶判妻入子者皆书之。中春之月，令会男女。于是时也，奔者不禁。若无故而不用令者，罚之。司男女之无夫家者而会之。"又《管子·幼官》《春秋》皆云："始卯合男女。"

妇；男之为倡伎者，不为卖淫之男，则犹媵遂为妾，而女不为面首耳。故倡伎本非卖淫之谓。特因伎亦卖淫，后世遂以官伎隶教坊。然教坊之伎，法律究许其卖淫？抑仅许其以伎娱人，如日本之所谓艺伎？尚难质言。且如清制，无教坊，只有乐籍。然《律》："官吏娶乐人为妻妾者，杖六十，并离异。官员子孙娶者，罪亦如之。"举人、贡、监、生员宿娼者，皆斥革。惟于庶民不言。岂独许庶民宿娼乎？故《律》意究许娼伎卖淫与否，尚待法学专家，加以研究也。

后世男女之间，亦有渐趋平等者。古为父斩衰三年，父在为母齐衰期。唐高宗时，始以武后请，父在为母齐衰三年。明太祖使宋濂定《孝慈录》，子为父母，庶子为其母，皆斩衰三年。太祖此举，本出私意，然后遂相沿无改，则以其得人心之同然耳。古之所以尊父于母者，以其时重家族，而父为家主。而后世则视家族渐轻，故父母之尊，遂平等也。

女权之盛衰，于学说颇有关系。学说固不能不随社会情况而变迁，然其深入乎人人之心者，则亦足以左右习俗。吾国学说，影响于男女之尊卑者，盖尝经一大变。其前一期，遗说仅存于《老子》。《老子》书中，无男女字，只有雌雄、牝牡字，足征其时代之古。五千言之义，女权皆优于男权。可见邃古女权之盛。殷《易》

首坤，盖犹其遗迹也。至于《周易》，则先乾于坤，而“天尊地卑”“地道无成”“扶阳抑阴”诸说，遂相次而起矣。然我国古代哲学，最尊万有之原。而其说万物之原，则一切以生物之孳乳相比拟。夫以生物之孳乳相比拟，则“孤阳不生，独阴不长”，男女固有不得不并重者。故古代哲学，虽因男权盛张，而有“天尊地卑”等说，而阴阳并重之义，亦卒不能泯。故虽重男而抑女亦不甚。此固吾国民尚中庸、好调和之性然也。又古代政治，家国无殊。一家之中，男女固并有治家之责。推此义以言国政，则后妃夫人，亦当辅佐其君子以理国。《诗》首《关雎》，《书》美厘降，《礼》重冠、昏，《易》基乾、坤，皆是义也。故以吾国之女子而要求参政权，实最与古义相合。夫思想历时久则入人深。古代之思想，在今日虽为少年所排斥，然其义既深入于人人之心，则虽排斥之之人，亦有阴受其陶铸而不自知者。故欲牖民易俗，植基于古代之成说，实最易为力也。吾国学说，男尊女卑，及男女并重之义，可谓同时并存。苟能善用后一义而发扬之，女权之盛昌，固计日可待矣。